ISBN-978-84-09-55267-2

Imagen de portada: Gema Mª Alejo

Sevilla-España 2023

Primera Edición

Autor
Edición y Corrección: Gemalpro

POEMAS DE VIDA, AMOR Y MUERTE

POEMAS DE VIDA, AMOR Y MUERTE

Prólogo:

Este poemario es un sencillo compendio de poemas que versa a la vida; al amor, al desamor, reflexiones a la edad, al tiempo y en resumen a los enigmas de la vida.

Inspirado en el estilo clásico, con un aire moderno, algunos sujetos a la medida y cadencia del verso; otros, en su mayoría, de métrica libre, sujetos al desafío que provoca el sentarse a escribir y versar a la vida.

Soñar despierto, sentir el sol, vivir el sueño, reflexiones sobre la muerte y la vida, beber del amor. Simplemente poesía.

Analizando

A través de la mirada

puedes ver el pensamiento

si los balcones son rojos

es que existe sufrimiento.

Si la mirada es limpia

es que hay paz y sosiego;

si la mirada es distante

es porque está en desacuerdo.

Si te retiran la mirada

ocultan vergüenza o miedo;

No está limpia la conciencia

del que mire con recelo.

A través de la mirada

puedes ver los sentimientos,

Los ojos son los balcones del

alma y el pensamiento.

Secretos

Silencio vago silencio

secretos que son guardados,

oscuras son las tinieblas

no quiero abrir los candados,

promesas duermen profundo

descansando en algún lado.

Silencio vago silencio

secretos que son guardados,

no perecen en el tiempo

pues están encadenados,

silencio vago silencio

a cal y canto cerrados.

Incrustados en el recuerdo

y en silencio hibernando

oscuras son las tinieblas,

secretos que son guardados

entre muros y murallas

a cal y canto cerrados.

Recordé   (Décima Espinela)

De nuevo me he despertado

esta mañana tan lúcida

cuando florece la vida,

recordando aquel pasado

que moraba ya olvidado,

y desciende con desdicha

después de mover la ficha,

hoy me siento afortunada

de no estar amordazada,

ahora me baño en dicha.

Cada amanecer florece la vida,

Vive.

Amor

La corriente más potente

pues mueve nuestro inconsciente

el más preciado valor,

amar es entregar todo

hasta perder la razón.

Es un bocado en el alma

que te llega al corazón,

amar es amar al otro

sin ponerle condición.

Es un estado melódico

de paciencia de pasión,

amar es un sentimiento

que nace del corazón.

Es un ángel en la noche

que volátil se marchó

es dar luz en las tinieblas

es ternura y es calor.

Desacuerdo

No quiero mirar

y sin mirar olvido,

y al volver la mirada

no veo; estimo.

Porque ver, no es mirar

si no miramos lo mismo,

y mi pensar discierne

entre real y fingido.

Porque ver, no es mirar sino miramos lo mismo.

Sólo será muerte

Pasaremos a un estado inerte,

misterio que nadie conoce…

¿Qué habrá detrás de la muerte?

En este cuerpo que perece,

en esta vida frágil y prestada

en la que nada es perenne.

Y nadie sabe que hay…

y nadie sabrá que sientes,

surrealista es pensar,

trabaja duro la vida

y gana una buena muerte,

y eso sólo será,

tal vez si estas de suerte,

quién sabe si sufrirás,

o será trágico el final,

por eso quiero pensar

que la muerte es sólo muerte.

Que no es el punto final,

tan sólo un estado inerte

en el que el alma vuela

buscando otro presente.

Y que allá en otro lugar

nos volvamos a encontrar

pasaremos la frontera

a una vida verdadera.

Los fantasmas del pasado,

morarán en algún lado,

yo ya estoy pasando el duelo

mientras escribo, me revelo

y bajo estas letras soterro

todo el dolor que siento.

Y pienso que luego habrá

una vida de reencuentros,

y allá tus seres queridos

abrirán sus brazos yertos.

Abrirán sus brazos yertos.

La edad

La edad es…

una medida del tiempo

en los seres humanos,

que nos hace fuertes

y a la vez nos delata.

Pasajera en el tiempo

la edad es un pirata,

que nos roba la inocencia

y aquél alma de plata.

Que nos roba el ánimo,

que nos pinta canas

que nos da experiencias,

pero deteriora el cuerpo

y nos arruga la cara,

un viaje en el tiempo

con final del trayecto

que te dejará sin aliento

y te robará el alma.

Vuelo libre

Sueños de luz y recuerdos

me llevan a mundos sin miedos

donde el aire que respiro

oxigena los sentidos,

cierra heridas de pasado

y así mi alma de oro alado

sobrevuela los pantanos.

Divisando desde el cielo

un pasado ya lejano,

así disfruto el presente

sin miedos ni referentes.

Ahora surco los cielos

sin prejuicios de la gente

ahora sueño, amo, quiero

y bebo agua de otras fuentes.

Corazón traicionado

Roto el corazón que llora

nublado está su horizonte,

¿corazón, por qué te escondes?

Rencores en el desván

profundo del sentimiento,

como serpientes se mueven

y enredan mi pensamiento.

Mientras el corazón late,

el rencor lo hace su presa

engañando al pensamiento,

así… actúa por despecho.

Perdiéndose por el linde

la sinrazón y el deseo,

entre pena y desconsuelo,

se aleja el rencor con lágrimas

haciendo un charco en el suelo.

Así las serpientes quedan

condenadas al subsuelo,

quedando el corazón roto

y en el desván nuevo hueco

para llenar con amor,

ilusiones y deseo.

Así la niebla decae

y vuelven días de luz

buscando horizontes nuevos,

 cada latido es amor

en busca de un amor nuevo.

Soñar quiero

Soñar es viajar a través de los deseos,

soñar… bonito tiempo muerto

en el que inconsciente manda

y se cumplen los deseos.

Soñar y soñar quiero…

Estado en el que el cuerpo descansa

y muere el desasosiego,

los sueños son la terapia

para curar tu universo.

Soñar y soñar quiero…

Soñar es vivir dormido

y curar el descontento

en la plenitud inconsciente

del plácido sueño lento.

Te lo has perdido

Te lo has perdido

amor…

que no quisiste

vivir ilusiones

conmigo.

Ya se van los pajarillos

 igual que yo…

emigro.

 Y en otro corazón

haré mi nido,

y volaré…

y volarás,

cada uno

su destino.

Y volaré y volarás...

... Evolucionaremos.

Caminando por la vida

Caminando por la vida

dichosa contemplaba,

portento que el universo

regala.

Calor del placido sol,

lluvia fresca en mi cara.

Caminemos por la orilla

después de que salga el alba,

olas crujientes rugen

invitan a ser bañada,

y bajo mis pies desnudos,

olas de verde y oro bailan.

Bruma suave me envuelve

bella tarde anaranjada,

caricias de seda suave

halago en seda pintada.

El viento mueve mi pelo

como bandera ondeada,

serenas noches de sueños

bajo estrellas argentadas,

testigos son de mi dicha

dicha de pasión labrada,

labrada con tus suspiros

dibujando filigranas.

Después llega el otoño

con desdicha macerada,

los sueños ya son recuerdos

borrosas las filigranas.

Respiro el aire fresco

de las montañas heladas,

me silban en el oído…

canciones de cuna, nanas.

Paseo en parajes verdes

frondosos de hayas blancas,

y crujen las hojas secas

le hablan a mis pisadas.

Saludan mi alma triste,

me animan y me trasladan

a una nueva primavera

acariciando mi alma.

Amor no correspondido

Este amor que prisionero

de mi pecho ha de salir

y que busca con esmero

la aprobación de tu sí.

Este amor que vagabundo

trotamundos porque sí,

recorriendo mil caminos

para llegar hasta ti,

y que desea un te quiero

de tu boca carmesí.

Este amor es tan real

que me ahoga los sentidos

y me lleva a naufragar,

amor, si no estás conmigo

perpetuas mi soledad.

Amor de plagio rendido

amor, sin poder volar

amor, de tu amor cautivo

espera la libertad.

Complicidad

Sutil aroma versátil

despertaba mis sentidos

recordando en mi silencio

los episodios vividos.

Recuerdos de noche oscura

tu voz muy clara y serena,

palabras en la penumbra

acariciaban mi pena.

Rosas rojas espinadas

eran dueñas del camino,

acariciando tu cara

olvidaba mi destino.

Recuerdos de noche oscura

tu voz muy clara y serena,

palabras en la penumbra

acariciaban mi pena.

Las arrugas de mi frente

Al ver mi frente arrugada

entendí este presente

de una forma diferente,

sólo son las huellas

de un pasado existente.

De sueños y desventuras

que marcaron mi presente,

siguen marcando el camino

las huellas de mi destino.

Y en un futuro paciente,

la vida nos llevará

a un estado diferente,

donde la piel arrugada

nos será indiferente.

A un estado diferente,

donde la piel arrugada

nos será indiferente.

Y vi a muerte

Recuerdo en silencio

negra la muerte venía

tapándome los ojos

sentí sus manos vacías.

Huecos sus ojos profundos

en los cuales me perdía,

su halo frío y tétrico

con guantes blancos venía.

Me miraba fijamente

y yo gritar no podía,

no me lleves contigo

pues me espera mi familia.

Así se marchó la muerte

que ansiosa por mí venía

y jurando prometió

que pronto regresaría.

Abrazo a la vida (Décima Espinela)

Dar un abrazo a la vida

bien cálido e inusitado

de bello amor dilatado,

radiante de luz cernida

de fuego azul concebida,

bajo la noche blindada

para no ser enredada,

por quimeras singulares

ni batallas, ni avatares,

y dormirme complacida.

Abraza la vida, como si cada día volvieras a nacer.

Dime que me quieres

Dime que me quieres,

y tus palabras me impregnen

como salvia de vida

y este amor prospere.

Que este amor crezca

como olmo legendario y fuerte,

que su luz sea sombra eterna

para alentar esta ilusión

que cada día crece y crece.

Dime que me quieres,

que tu voz se aloje, y en mí impere

este sentimiento puro y cristalino

y nos alimente.

Que tus manos sean abrigo,

eslabón de dos destinos

y me agarren fuerte.

Dime que me quieres,

y tu voz melódica sea…

Sea himno que resuene.

Melodía en clave de Do,

grave y suavecito

y nuestro amor no espere.

Dime que me quieres,

Impregnando el aire de amor,

colosal, espontaneo, primitivo

puro amor sin objetivos,

amor, sin condición ni delito.

Amor, oxigenado, infinito,

dime que me quieres,

dímelo , bajito.

Amor, sin condición ni delito,

Amor, oxigenado, infinito.

Junto al mar

Junto al mar de mis pupilos,

rizadas las olas mecen

a mi cuerpo desnudo

que espera que lo liberen.

Al filo del horizonte

anaranjado se enciende

un atardecer brillante,

donde la tarde se pierde.

Y se lleva el pensamiento

porque la brisa lo envuelve

Y en algún acantilado…

Allí, el pensamiento muere.

Olas de espuma dorada

reflejan al sol poniente,

brisa fresca y envolvente…

¿Dónde está mi pensamiento?

Mar fuerte y dorado

No dejes tú de mecerme.

Solfeando con pasión
(A la música)

Y agarrados de la mano

ligaduras del amor,

paseemos siempre libres

bajo sentencia de amor.

Amor negro, blanco amor

todo escrito en un renglón,

respirar el aire libre

para llenar los sentidos

con fragmentos de ilusión.

Largas tardes en invierno

cobijada en tu calor,

solfeando melodías

con acordes de pasión.

Y soñémonos desnudos

bajo la clave de Sol,

viajemos entre los sueños

para embriagarnos de amor

carrusel de melodías

que nos pierden sin control,

sube y bajan mis sentidos

al compas de tu canción.

Mis latidos no se pierden

si escuchan tu corazón

pues me va marcando el ritmo,

siempre un ritmo sabrosón.

Armonías y silencios,

acordes con percusión,

quedarán para el recuerdo

del que bebimos tú y yo.

Moneda de cambio

Los árboles están sin hojas

los perros están famélicos,

rompe en llanto un niño

rodeado en un desierto

de ladrillos y asfalto

invadido, por el trueno

del dinero.

Es la moneda de cambio

que pudre todo lo etéreo.

Sólo tú

Sólo tú, eres

Sólo tú, me entiendes

Sólo tú, invades mi mente

Sólo tú, eres mi fuerte

Sólo tú, entre la gente

Sólo tú, sin verte

Sólo tú, me sientes

Sólo tú, mi suerte.

SÓLO TÚ

Soñar quiero

Soñar es viajar a través de los deseos,

soñar… bonito tiempo muerto

en el que inconsciente manda

y se cumplen los deseos.

Soñar y soñar quiero…

Estado en el que el cuerpo descansa

y muere el desasosiego,

los sueños son la terapia

para curar tu universo.

Soñar y soñar quiero…

Soñar es vivir dormido

y curar el descontento

en la plenitud inconsciente,

del plácido sueño lento.

Besos

Jugosos besos de imán,

fría lluvia y sol voraz,

que sólo quieren amar.

Estos, mis besos carmines

de fresas frescas sublimes

que sólo quieren viajar.

Extensos y al cuerpo afines

entre rosal y jazmines

y con aroma sensual….

Por recorrer los confines

de piel de clavel y sal,

y entre tus brazos germinen

mares de fogosas rosas

excelsas y vaporosas

sin licencia y sin final.

Ese mirar   (Jotabé tetradecasílabo)

Ese mirar que en la noche lejos me

transporta,

es el desvelo de todo aquello que me

importa.

Son bellos espejos donde asoma la

deidad,

de un alma cristalina, colmada de beldad,

tu mirada siempre mi mejor casualidad,

en ella me asomo con total curiosidad.

Me provoca el más frágil y fugaz desatino,

tu mirada clara marca todo mi destino.

Profundidad que me condena y mirar que

exhorta,

porque no importa ni la más cruel

adversidad,

si con tu profundo mirar, rozo lo divino.

Poesía

El desvelo del poeta

largas noches en probeta.

Eres premura valiosa

en el viento, melodiosa

en la voz, es azarosa

en el verso, vaporosa.

Mito y reina de la paz,

en las noches, perspicaz.

Eres princesa profeta,

de palabra poderosa

y reina de libertad.

El desvelo del poeta

largas noches en probeta,

mito y reina de la paz.

Rosa del desierto

Como rosa del desierto

que la forman sedimentos,

así se formó el cariño

que por ti ,yo voy sintiendo.

Como cristal mineral

transparente yo presento,

raíces de amor, forjadas

hibridas y a fuego lento.

Y desvanece así mi alma

amor, a cada momento.

El arenal más desértico,

forma rosas de portento

en almas de arena siena,

florece la tierra seca,

minando mi alma suprema,

de primaveras de arena.

La profecía

En esta noche se rompió el cielo,

esta noche llovieron estrellas

plumas de ángel, bruñidas centellas,

se rompió el sueño del desvelo.

Es noche de amargo desconsuelo,

de noche sin luna, ni epopeyas

de ángel caído, druidas en botellas

herméticas sombras caen al suelo.

Las sombras buscan anclar la tierra,

la tierra fértil que se profesa,

almas famélicas sin paz, ni guerra.

El cielo cae sobre la tierra,

sobre el mar, sobre el hombre, su presa,

caen centellas que lo sotierran.

Vestida de sol y agua

En una fresca mañana,

me perdía entre la jara,

su aroma me evadía

hacia mundos sin mañana

desnuda de piel sin alma,

desnuda sobre la calma,

caminando iba descalza,

entre romeros y jaras,

vestida de sol y agua.

El sol ceñía mi cuerpo,

el agua a mis pies bailaba,

eran ellos los volantes,

de mi traje de sol y agua.

Y se movían al tiempo

de mi andar caminante

desnuda de piel sin alma,

desnuda sobre la calma,

vestida de sol y agua.

La vida como un habano

Y se consume la vida

cual si fuera puro habano,

saboreas unos momentos

otros, te van asfixiando,

como efímero humo

 en el aire disipado.

De pronto se apaga el puro,

de nuevo encienda el habano,

vuelva a esos momentos

venturosos, coetáneos.

Poco a poco desvaneces

como el humo disipado,

consumido, consumado,

evadido, esquivado

por trayectos del destino,

sinuosos y evocados,

efímeros, coetáneos…

A las fuertes marejadas del Alzheimer

Perdido en la furia del desahucio

perdido entre fuertes marejadas,

deambulo débil y a la deriva

hacía donde me lleve este naufragio.

Nado y nado, sin llegar a ningún lugar

voy contracorrientes fatales,

no quiero que sea cierto este presagio,

ahora me veo envuelto en mis retales.

Retales, de toda una vida elaborada

hecha de sueños y pinceladas reales,

de amor eterno, aventuras de mortales…

Ahora, de lagunas congeladas,

ya en mil pedazos los cristales,

nado en un mar punzante y sólo,

una vida desahuciada y un futuro

a la deriva de un mar incierto

con recuerdos, decolorados y toscos.

El prisionero (los sueños)

Despacio llega la noche

de mi alma sale un prisionero

prisionero que pasea

y acarrea los recuerdos.

Compañero de mi alma

con el comparto secretos,

cuando llega la mañana

el prisionero ya ha muerto,

y el alma bien lo recoge

para guardar los recuerdos.

Pasitos de mujer

Mujer que caminas

con tus pasos elegantes

con pashmina, cachemira

o con traje de volantes.

Y pisas con suelas de acero

y con andar delirante

los caminos que te llevan

a debelar triunfante.

Muchas batallas pérdidas

que enmudece tu semblante,

tu corazón debilita

pero te haces más grande.

Tú, que caminas con sosiego

y con afán pisas el suelo

para seguir adelante

Con soberbia te levantas,

caminas por los senderos

y nadie sabe que en tu alma

llevas, llevas puñales de acero.

El brillo de esos puñales

alumbran oscuros senderos,

tus gotas de sangre roja

es manto de terciopelo.

Semillas de dignidad

que sembrará buen romero,

abrigando tu alma rota

mosaicos son los recuerdos.

¡Mujer siempre mira

hacia adelante!

Y pisa con suelas de acero

y con andar delirante

los caminos que te llevan

a debelar triunfante.

Soñemos amaneceres

Y soñemos nuevos amaneceres

así descubrir juntos sus placeres.

Dibujemos la utopía perfecta

mientras tanto nuestro amor nos inyecta

el antídoto que nos desconecta

y poder vivir una vida electa.

Mas soñemos sin parar de soñar

y viviremos sin dejar de amar.

Sigamos soñando aquellos placeres,

aunque los niegue esta vida interfecta

que morirá por no saber amar.

Metáforas inexplicables

Metáforas inexplicables…

Cuando caen las hojas de los arboles,

cuando a la vida, la oscurece la tarde,

cuando la luz, brilla en la noche

cuando el mar, inunda el valle.

Metáforas inexplicables…

Cuando a una sonrisa, la oscurecen

caries.

Cuando un alma bueno, sufre por

alguien,

cuando ves gente, pero no hay nadie,

cuando la mente enferma y decaes.

Metáforas inexplicables…

Cuando vivir es una condena de muerte

porque la enfermedad te invade,

cuando un niño, pierde su madre,

cuando un niño, pierde a su padre.

Cuando es el niño el que emprende su

viaje…

Metáforas inexplicables.

Silencio

Silencio, sublime palabra

oír el canto del silencio

es melodía para el alma,

es evadirse en el tiempo

para brindar con tu alma

para llenarte de paz,

para encontrarte a ti mismo

para flotar entre aguas,

para volar y soñar.

El canto del silencio es melodía

para el alma.

El cielo y la mar

Qué esconde el cielo dentro de su seno,

su color sereno me llena de calma

y me hace indagar,

la mar su enamorada, se deja besar.

Y mi pensamiento despega

en un vuelo de curiosidad.

Ese azul sereno,

que en el horizonte besa a la mar.

¿Qué esconden sus besos?

¿Qué esconde su peso?

¿Y su debelar?

Su silencio eterno, le habla a la mar,

ella le responde con su voz salina

caricias y besos y olas de cristal,

y esas confesiones

son bien custodiadas en la inmensidad.

El viento iracundo y la mar `salá´

cantan mil canciones

de amor y pasiones y de libertad.

Son himnos cantados

bien interpretados cantan a la paz,

de sueños y trallas y de despertar.

Y el cielo es besado con su voz salina

caricias y besos y olas de cristal.

Salá: Sig. Salada acortamiento que se usa en

Andalucía.

Un mar de Alberti   (Soneto)

Me embelesa el mirar por el ancho y

verde mar,

este mar que es mi afán y mi mayor

fortaleza

pues se ahoga y muere inmersa toda mi

tristeza

prendido al horizonte mi más puro mirar.

Mas no quiero dejar de admirar y

abroquelar

el brillo salado de tan inmensa riqueza,

iones de vida a raudal y grande su

belleza,

con olas de cristal que no me dejan de

hablar.

Paseo mi mirar, por esta playa brocada

de cielo azul marinado con nubes de

plata,

y sus olas son alas, para esta alma

trenzada

que se enreda y naufraga a mareas

abrazada.

A este mar verde ágata, a bordo de una

fragata

quisiera ser capitán de su agua más

sagrada.

Espejismos

La vida pasa audaz

y se despierta la mañana

nublada … un tic toc, tic toc,

marca nuestro tiempo privativo.

El tiempo es bandolero armado,

y al mirarme en el espejo

todo ha cambiado.

La noche es otra esfera

donde los sueños no esperan,

el tiempo, lo marca el reloj

el tiempo, lo marca la vida,

tic toc, tic toc, el tiempo.

La calle del tiempo no tiene salida...

Las ventanas abiertas

van cerrando heridas,

la lluvia arrastra lacras

y limpia dilucida.

Y me miro en el espejo,

hoy me obstino en su reflejo,

perdido en mi vanidad

 pues no quiero hacerme viejo.

En primavera soñamos,

felices con nuestras ojeras,

también tropiezas con la ratonera.

Después crecen las albahacas

y el musgo verde divino,

la lluvia limpia los vestidos,

que arrastraron por el barro

excrementos y caviar fino.

Mientras las manillas del reloj

y su amenazante ruido

tic toc, tic toc,

el tiempo, el tiempo….

Actuamos por inercia, es lo que hay,

es lo que toca; somos esclavos

de unos sueños efímeros.

La utopía soñada, inercia…

tic toc, tic toc, la vida, el tiempo…

El tupido velo de las obligaciones

nos roba sensaciones,

el tiempo es el bandolero siniestro

que me asalta en una esquina.

Y me miro en el espejo

hoy, mi pasado me hace viejo

me roba un pedazo de vida

y cada día, el tiempo…el tiempo…

Cada noche abominable vivo en el sueño,

cada mañana se nubla de realidades,

hay noches de fantásticas lunas

y mañanas de silencio eterno.

Tic toc, tic toc, el tiempo…

cuando se pare el reloj, será tiempo

muerto,

la vida, tic toc, el tiempo…

Resiliencia… la vida, el tiempo…

Sacar colores nuevos, ideas,

novedades, innovar, comerte al tiempo.

tic toc, tic toc la vida…

Cabalgar como un caballero

con armadura de acero, el tiempo…

tic toc, tic toc la vida…

Resiliencia… la vida, el tiempo…

ambigüedades sin pensamiento,

tic toc, tic toc, la vida…

tic toc, el tiempo…

Coger al débil del brazo y levantarlo,

pero no por mucho tiempo; soltarlo.

Tic toc, tic toc, el tiempo…

Hoy me miro en el espejo

y ya no sé lo que siento,

casi, no puedo con mi pellejo.

Tumulto de sensaciones abstractas

emociones, sentimientos

tic toc, tic toc, el tiempo…

Situaciones inesperadas, sobrevenidas

túnel escéptico, y caminas y caminas,

por el túnel de la vida…

laberíntica y metafórica, y aquí estoy

escudriñando las lecciones de la vida.

El tiempo, errático, sumativo, sobrio,

simpático, sin creces , sin huída…

sin pan ni peces, no hay vida.

Y me miro en el espejo

encerrado en una imagen

que ya se quedó muy lejos.

El camino recorrido,

es callejón sin salida

actuamos por inercia,

llenamos una vida vacía,

que es el lienzo dibujado

con pinceles de fatigas.

Intentamos ser felices

y buscamos la utopía.

Tic, toc, el tiempo…la vida.

Y al mirarme en el espejo

las arrugas de mi frente

que son marcas inocentes,

hoy me dicen: **hay más…**

 déjame que te cuente.

Luz de sombra ensoñada

Eres el sueño en la noche

que anima mi madrugada,

luz en la sombra ensoñada

en mi corazón derroche.

De puro amor sin reproche

la más dulce pincelada,

para este alma enamorada

por mil diamantes un broche,

y aloje en mí corazón

el brillo de tu alma alada

y haga florecer pasión,

brindando con ilusión

esta madrugada anclada

a mañanas de efusión.

Confidente al alba

Aquel confidente al alba,

que guarda tantos secretos

y preserva sus palabras,

quedarán allí grabadas

con tinta platina plata,

en papiros de recuerdos

que atañen fieles al alma.

Radiante sabor a besos

memorias antiguas calman

y un sinfín de aventuras

que guarda con buen recelo

aquel confidente al alba.

Descubrir obviedades

Mi pensamiento viaja;

viaje a través del tiempo

me lleva sin equipaje,

descalza, sin ropajes.

Me lleva hacia otro mundo

pérdida en el estiaje,

razonamientos profundos

y a descubrir obviedades,

deambulo y me confundo,

no quiero vivir la certeza

de un mundo de vanidades.

Vivir la realidad

Vivo en un tiempo ¿existente?

Efímero, elocuente

mísero y sorprendente.

¿Real o inexistente?

Vivo la realidad

de mi cuerpo persistente,

porque pienso libremente

y me concedo la dicha

de no vivir ausente.

Vivir un lúcido sueño

Yo quisiera vivir

en la lucidez del sueño,

en el inconsciente lento

de ésta, mi vida tácita,

en un pañuelo.

Y llenarla de colores

por los caminos blancos

del pensamiento.

Recordando aprendí

Recordando aprendí

que se aprende del pasado,

los pasos en falso que dí

se quedaron enterrados.

Recordando aprendí

que el tiempo pasa volando

que en el camino quedaron

aquellos días sesgados.

Que el tiempo no es generoso

cada segundo es pasado,

recordando aprendí

que el pasado ya no vuelve

y que sólo es recordado.

Es como el olor a perfume

que se marcha evaporado.

Corazón tronado

A este corazón tronado

que vive deshidratado,

errante y taciturno

en esta vida penando.

A este corazón tronado

que vive encadenado,

¿cómo sacarlo del lodo

en el que vive inundado?

A este corazón tronado,

que saque los pies del charco

que abra sus alas de oro,

Fuertemente enamorado

y vuele hacía el ocaso

buscando su amor soñado.

Eres poema de amor

Tú, eres poema de amor

eres el sueño en la noche,

en el día bella canción

en el silencio, el sonido

vibrante del gran amor.

En la noche más oscura

desenfreno y pasión,

en eternos días grises

Tú, eres poema de amor.

Tú, eres poema de

amor.

La vida

La vida…

La vida que nos atrapa,

eres suculenta presa

despropósitos y triadas.

La vida…

La vida que nos atrapa,

rabiosamente bella,

sutilmente despiadada.

La vida…

La vida que nos atrapa,

entre noches ciegas

y días cegados.

Entre dudas y devaneos,

estar siempre

entre dos aguas.

La vida…

La vida que nos atrapa.

Navegando entre heridas

Navegando entre heridas

de profunda oscuridad,

el amor llegó a mi puerta

me ungió de claridad.

Se cerraron las heridas

bautizó mi soledad,

de nuevo amé la vida,

de nuevo quise soñar,

soñando amor profundo

soñando quise volar.

Luna de marfil

Suave luna irisada

mientras te miro y miro,

me dejas embelesada

eres la reina ensoñada,

según la fase que encares,

eres bandera en la noche,

o diadema de plata.

Obnubilas los sentidos

iluminando las almas,

eres rosa de los vientos

si me pierdo en la

montaña,

eres camino eterno

de luz irisada blanca.

Nuevos días

Al levantar la mañana

saludo al nuevo día,

Helio me responde

con caricias de alegría.

La vida que va soltando

muestras de filantropía,

así voy viajando

saludando al nuevo día.

Nuevas aventuras llegan

latiendo cada mañana,

me gusta abrir las ventanas.

Ventanas nuevas al mundo

de hazañas lideradas,

fuertes, de valor profundo

y aventuras inventadas.

Paseos entre cielo y mar

Vivo libre en mis sueños

y no quiero despertar,

allí paseo por el mundo

como una estrella fugaz.

Dueña de mis desventuras

en escenario singular,

si se me tercia en el sueño

saco el barco a navegar.

Surcando mares profundos

paseo por alta mar,

y toco el agua salada,

incumplo mi ley moral

energías renovadas,

iones a refrescar,

ilusiones procesadas

paseos entre cielo y mar.

Paradigma del amor

Que es muy simple el amor

puede ser un sol eterno

puede ser desilusión.

Debe ser el epicentro

nítido que te dé valor,

debe ser el refuerzo

que te eleve al nivel Dios.

¿Quién encadena el corazón?

Eres tú mismo

quién lo condena

si no es factible la relación

no te obsesiones con el dolor.

Que ni el cianuro

ni el sueño eterno

te libraran del dolor.

Rompe cadenas ¡libéralo!

Pronto verás luz y color,

primaveras nuevas

llenas de amor

florecerán en tu interior.

Pregúntale a la calma

Pregúntale a la calma,

si es sordo su universo

o es ambiguo su reverso

y se lo traga su alma.

Pregúntale a la calma,

si vive en un mundo inmerso

donde entre mares perversos,

 lodos digiere su alma.

Sosiego y paz serena

azul y libre de cargas,

flotan sobre aguas mansas

y duerme la furia ajena,

pues mi alma es una adarga

y en mí, la calma descansa.

Serenidad en la noche

Serena noche de calma

serena voz de mí alma,

serenos mares de sueños

serenos besos al alba.

Serena ausencia callada,

serenidad en el fuego

en chispas de luz fugada,

serenidad más profunda

en madrugada auspiciada.

Serena voz de mí alma,

serenos mares de sueños

serenos besos al alba.

Dime que me quieres

Dime que me quieres

que tus palabras me impregnen

como salvia de vida y este amor prospere.

Que este amor crezca

como el olmo legendario y fuerte,

y que su luz sea sombra eterna

para alentar esta ilusión

que cada día crece y crece.

Dime que me quieres

que tu voz se aloje y en mí impere,

este sentimiento puro y cristalino

y nos alimente.

Que tus manos sean abrigo

eslabón de dos destinos.

Dime que me quieres

y tu voz melódica sea…

sea himno que resuene,

melodía en clave de Do

grave y suavecito

y nuestro amor no espere.

Impregnando el aire de color,

colosal, espontaneo, primitivo

puro amor sin objetivos,

amor sin condición ni delito.

Amor oxigenado, infinito,

dime que me quieres

dímelo , bajito.

El auxilio del exilio

En mi espíritu un quebranto,

en mi quebranto un llanto,

y es mi llanto un adelanto

del sinsabor que maltraigo,

cuando me alejé de la puerta

y sentí el desarraigo.

Y me alejé de los míos,

 aceptando el desafío.

saltar la verja, tirarme al río,

cruzar el mar…¡frío!

Mas mi mente envenenada

de miserias almacenadas, recordaba:

manos esposadas,

bocas calladas,

gritos, lamentos

que me atormentaban.

Traicionaban a mi cuerpo

y a la muerte me llevaban.

mas mi lucha generaba,

ansias de vida

y el vencer clamaba.

Y derrotando el desafío

vencí a la muerte, ¡frío!

¡El auxilio del exilio triunfaba!

Quiero sentirte mi hermano

Agárrame de la mano

quiero sentirte hermano,

que este mundo austero

sea mi capa y sombrero.

Agárrame de la mano

quiero sentirte hermano,

no quiero sentir el frío

de esta casa sin tejado.

Quiero un mundo valiente

donde se valore la gente,

donde se pueda beber

agua clara de otras fuentes.

Que se pare el tiempo

Gritarle al veloz tiempo

que se pare este reloj,

y quedarme dormida

 con el eco de tu voz.

Mecerme, en telar de araña

tejida con tu calor,

que me salven tus caricias

y beber copas de amor.

Reloj que se pare el sol

y este momento eterno,

perdure siempre en el tiempo

para embriagarme de amor.

Estrellas para el alma

En el núcleo de la estrella

fuego ardiente chispeaba,

el fulgor de aquella luz

a mi alma alentaba.

Alumbra mi noche oscura

que el resplandor sea mi guía

y su calor recomponga

a mi alma abatida.

Camino en la noche oscura

van guardando mi destino,

estrellas de cristal puro

con brillo diamantino.

Relucen bellas de noche

elegantes sus latidos

sonatas de noche oscura,

su melodía es delito.

Sonatas de noche oscura

liberan mi alma herido,

volcadas son las estrellas

como lluvia del destino,

acariciando mis pasos

para alumbrar mi camino.

Y la luna las acoge

bajo su capa de plata,

bañándome con su luz

mi cuerpo el alma desata.

Alma que es rociado

con diamantes y plata

gloriosa y afortunada

descansa libre mi alma.

Presagios

Está el cielo gris, nublado

cielo estático, callado

es oscura su techumbre

y se humedece la cumbre,

y explota en lágrimas rotas

y son sus palabras gotas

cristalinas o areniscas

según el mensaje que evoca.

Está el cielo gris, nublado

cielo estático, callado...

...

Recuerdos que duelen

Allá en el horizonte

donde la luz ya se pierde

quiebra la roca en llagas

y en el vacío ser vierten,

recuerdos de dolor y sangre

que de mi mente se pierden

porque mi cuerpo los escupe

como veneno delezne.

Y son muchos y son volcados

pues rescatarlos no quiere

mi cuerpo desquebrajado

y en el recuerdo perecen.

En la llaga de la roca,

allí dormirán perenne

en el baúl de la gruta

en un silencio solemne,

guardados por estrellas

que con amor los protegen.

Huellas en el camino

Paisajes pintorescos

iluminan los senderos,

senderos de tierra y grava

que traicionan tu paseo.

Tropiezos en el camino

que tu destino depara

no pises huellas de otros,

deja tus propias pisadas.

Que la niebla no te alcance

si te da la madrugada

y a la mañana siguiente,

sigue dejando, sigue

 tus huellas marcadas.

No pises huellas de otros,

deja tus propias pisadas.

A la muerte

Fría y lenta pasea

al acecho del descuido

sin piedad elige a sus víctimas

ella no tiene medida.

¿Cuántos trajes tiene la muerte?

¿De qué color va vestida?

Burlona, pasea por nuestras vidas

espía silenciosa,

tétrica y sin medidas.

Cuando elige, destroza

no le importa lo que digan,

pasea la muerte burlona

por rincones escondida.

Guadaña bajo su traje

para sesgar nuestras vidas,

no importa joven o viejo

no le importa lo que digan.

¿Cuántos trajes tiene la muerte que nunca

sabes el día?

No avisa; llega por sorpresa

caprichosa, injusta y desdichada

¿De qué color vas vestida?

Nadé entre escarcha

Nadé en un océano de escarcha

en mares de cieno nadé,

caminé entre borrascas

la lluvia calaba mi piel.

Así aprendí a conocerme

así me reencontré,

así medí mis fuerzas,

así conocí mi alma.

Así me revelé contra corrientes

de sosa caústica.

Contra ese destino que me condenaba,

entre quimeras y sus fantasmas.

Así aprendí a distinguir

entre diablos de voz santa,

a querubines que traen calma.

Y yo agradezco a esos diablos

pues gracias a ellos saqué mis alas

para escapar

del mar de cieno y la fría escarcha.

Fui bendecida de rosa blanca

de amor de vida y luz del alba.

Los querubines regalan alas,

de plumas negras y también blancas.

Las calles están llenas

de gente buena, de gente vana,

respira libre no te distraigas.

El mundo es una bestia que se disfraza

de ángel caído o luz y calma,

de olor fétido o espuma blanca,

milicias de fuego o voces blancas.

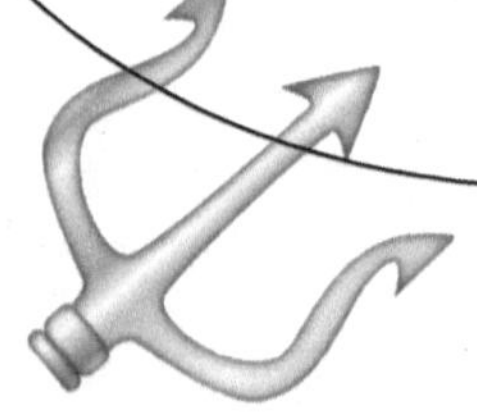

El mundo es una bestia que se disfraza.

No te distraigas.

El final

Cuando las fuerzas no alcanzan

para seguir la batalla,

cuando se acaba la vida

y la desidia te gana.

La despedida se acerca

el dolor pellizca el alma,

examinas tu conciencia

miras hacía el pasado,

y entonces observas

 tus victorias y fracasos.

Así es como acaba la vida,

tal cual libro despiadado

este es el último capitulo

del final del fiasco.

Nota de autora:

La vida termina cuando la desidia te gana,

cuando el alma abatida ya no quiere luz,

ni calma, ni sueños, ni pan, ni agua.

Cuando los lamentos rompen el techo de

un cielo desierto; cuando el amor se

evapora, como lo hace el agua a fuego

lento.

La vida termina cuando sentimos que la

hemos defendido hasta desgastar el alma.

Cuando nos muerda el ego y nos robe los

sueños, entonces… la vida se acaba.

Mientras tanto no bajes la guardia,

saborea esos momentos que la vida te

regala, los días nublados exprime sus

nubes y baila bajo sus aguas.

De cada derrota se aprenden estrategias

para luchar nuevas batallas.

Las mejores cosas de la vida son gratis,

no se pueden comprar.

Salud, amor, resiliencia, empatía, sólo

unos cuantos las poseen por eso

disfrútalas.

Así como el aire fresco de la mañana, el

relente de la noche, el sabor a

madrugadas, la música, el silencio y sobre

todo, la paz de tu alma.

¡Vive!

Índice